I0794117

THE TWISTED GARDENS

/

LES JARDINS TORDUS

THE TWISTED GARDENS

/

LES JARDINS TORDUS

Ollivier Dyens

Mansfield Press

Printed in Canada

Library and Archives Canada Cataloguing in Publication

Title: The twisted gardens = Les jardins tordus / Ollivier Dyens.
Other titles: Jardins tordus
Names: Dyens, Ollivier, author. | Dyens, Ollivier. Twisted gardens | Dyens, Ollivier. Twisted gardens. French.
Description: Poems. | Text in English and French.
Identifiers: Canadiana 20210341475E | ISBN 9781771262767 (softcover)
Classification: LCC PS8557.Y45 T85 2021 | DDC C841/.54—dc23

Catalogage avant publication de Bibliothèque et Archives Canada

Titre: The twisted gardens = Les jardins tordus / Ollivier Dyens.
Autres titres: Jardins tordus
Noms: Dyens, Ollivier, auteur. | Dyens, Ollivier. Twisted gardens | Dyens, Ollivier. Twisted gardens. Français.
Description: Poèmes. | Texte en anglais et en français.
Identifiants: Canadiana 20210341475F | ISBN 9781771262767 (couverture souple)
Classification: LCC PS8557.Y45 T85 2021 | CDD C841/.54—dc23

Cover Image: iStockphoto
Author Photo: Rebecca Brosseau

ONTARIO ARTS COUNCIL
CONSEIL DES ARTS DE L'ONTARIO
an Ontario government agency
un organisme du gouvernement de l'Ontario

Canada Council for the Arts
Conseil des arts du Canada

The publication of *The Twisted Gardens / Les jardins tordus* has been generously supported by the Canada Council for the Arts and the Ontario Arts Council.

Mansfield Press Inc.
25 Mansfield Avenue, Toronto, Ontario, Canada M6J 2A9
Publisher: Denis De Klerck
www.mansfieldpress.net

To Sonja, who protects my life with her light

And thank you to John Mac Master for his invaluable help.

TABLE DES MATIÈRES

CONTENTS

The Twisted Gardens/Les jardins tordus seeks to understand our relationship to pain, to the world, to languages, and to technology. The Twisted Gardens/Les jardins tordus explores an inverted creation, not that of the light that was, but that of the darkness in which everything exists. This text is a journey through a territory of birth and viscera, animals and desire, spirits and metal.

The Twisted Gardens/Les jardins tordus was written simultaneously in both French and English. This approach, which searches for singular emotions and unique metaphors in the folds of two intertwined languages, examines how each language in its own specific vocabulary, colour, rhythm, and tonality can unleash and imprison our humanity.

But The Twisted Gardens/Les jardins tordus is not just a text. It is also an experiment in virtual reality where sorrow and metaphors become a world, a territory, a literal journey.

VIRTUAL REALITY

In English at www.ollivier-dyens.com/the-twisted-gardens
In French at www.ollivier-dyens.com/les-jardins-tordus

I hope you will like it.

Ollivier Dyens

Le 1er jour

l'odeur des anguilles

The First Day

eels

Au premier jour
nous nous partagerons
le métal
l'os de ses lèvres
de ses dents, de son sexe
et nous partirons
dans une île de ventres
les pieds troués
un bouquet
de gorets
dans nos gorges

Au premier jour
il y aura
respirer
marcher
toucher le vagin
du peuplier
il y aura
naître
dans la tête
comme des doigts
déformés
la bouche
alors
avalera tout
les mots
l'odeur des anguilles
la sauterelle
à peine formée
dans le lait

On the first day
we will sway
in an ocean of lead
lost
in its mouth
on the bone
of its lips
and we will leave
for the island of ashes
our feet broken
thorns of piglets
in our throats

On the first day
we will
breathe
we will walk
we will brush
against the cedar's
vagina
and we will wake
like deformed
fingers
in our skulls
our mouths
then
will swallow
everything
words of ore
the mucous of eels
barely formed
grasshoppers
in a pool of milk

Au premier jour
tu glisseras entre mes mains
comme un chiot
qui sent le téton
et je me demanderai
comment saigner
dans le pain
comment enfoncer
un épi de goudron
dans la poitrine
comment les murs
amputent
sans
régner

je penserai
à des animaux
qui s'effleurent
leur anus couvert de pétales
et je baisserai la tête
pour ne pas me casser
les dents

un oiseau
passera
et m'ignorera
et le temps ressemblera
à l'envie
de vomir

On the first day
you will slip through my hands
like a dog
that reeks
of tits
and I will wonder
how to bleed
on your face
how to plunge
a wreath of tar
in your chest
how can walls
amputate
without empires

I will think
of animals
brushing against each other
their anus
covered with petals
and I will bow
my head
to stop
breaking my teeth

a bird will fly by
and ignore me
and time will feel
like the craving
to vomit

tout ce qui sera
alors
vacillera
dans l’ordre
noir
des jardins tordus
des ovules entaillés
des yeux
sous les gifles
et la peau
des têtards
nous bercera
comme un océan
de pissenlits
de l'envers

Au premier jour
je te dessinerai
un champ de cils
un fleuve
dans l'hymen de l’oiseau
un âne
entre tes lèvres
je marcherai
à tes côtés
un étang
taché
d’alvéoles
dans mon crâne
et je t’offrirai
ce qui halète
dans l’orangeraie

all that is
will sink
into the dark
order
of twisted gardens
of torn ova
of eyes concealed
by blows
and the skin
of tadpoles
will gently rock us
like an ocean of
inverted
dandelions

On the first day
I will draw
a field of irises
a river
through the bird's hymen
a donkey
between your lips
I will walk
next to you
a rain of alveoli
beneath my eyes
and I will murmur
the name of all
that is spawned
in the orange grove

tout sera là
la hanche
des fjords
le mouvement si lent
de la chèvre
des neiges qui nous dévorent
tout sera là
et tout
fera mal
vissera
les guêpes
dans l'épaule
se souviendra
que nous avons posé nos mains
sur le tulle
que le lit
était mouillé
que nous ne pouvions
que nous trouer
crever
l'utérus
errer
entre les arbres
de l'asphalte

Au premier jour
je t'attendrai
dans une chapelle de nains
où la pierre
sent
le héron qui naît
et se tait
je te donnerai
un ciel

all things
then
will be present
the fjord's creatures
the hunger
of dawn
fields of
snow
that yearn and devour
all things will be present
and all things
will hurt
drilling wasps
in our shoulders
recalling the texture
of saliva
on the bed
urging us
to bore a hole
into the uterus
to wander
among the trees
of asphalt

On the first day
I will wait for you
at dusk
in a cathedral of dwarfs
where stones
smell of birds
and of birth
and I will point to a sky

qui crache des oies
un veau
que le temps
ne comprend plus
et je te parlerai
de la peau des méduses
sur la laine
de la culotte de coton
posée
sur la joue
du vent
comme un doigt dans la vulve

je te dirai regarde
la mer de tulipes, de chenilles
de pores
la mer d'épis
de jonquilles
d'ongles qui éventrent
l'empire
des anémones
dans le sel

je te dirai
regarde
nous avalons
la grêle
nous vacillons
dans tout ce qui est
défait
nous crions
quand les frelons
pondent
sur le mulet
quand
l'agneau s'arrache
les paupières

that disgorges its geese
and a calf that time forgot
I will trace the scale
of a jellyfish
on your breast
and the wounds
of wool
against your cheek
and I will draw a wind
that moves like a finger
in your vagina

I will say
look
this is the end
the end of tulips
of caterpillars
of pores that exhale
of nails
that bore through
the end of fleas
of maggots
of wet lilac
the end
of crows

I will say
bow to everything
that is defeated
holler
when hornets
lay their eggs
in the mule
swallow hail
when the lamb
tears off
its eyeballs

alors
les heures
se tordront
une forme
étouffera
se révélera
et ira
des cafards aux embryons

Ce jour-là
nous partagerons
le monde
avec le jeûne
du coquelicot
et avec des mots
de ciment
nous partagerons
le monde
avec des singes
tachés
de sperme
collés
contre la terre

Ce jour-là
l'île des ventres
nous lèvera
elle nous
parlera
de murs d'abeilles
de chiens
qui cherchent
leur naissance
de dieux
qui hurlent
sur le visage

That day
all things
will reveal themselves
and time will writhe
from cockroaches
to embryos

That day
we will share
the world
with flowers
of cement
and forests of fasting
we will share
the world
with monkeys
stained with sperm
glued to the earth

That day
the island of ashes
will raise us up
it will talk of walls
made of bees
of dogs
yearning
for their birth
of gods
howling
in our faces

Ce jour-là
il n'y aura plus
que toi
criée
dans mes bras
perdue à jamais
dans une abbaye de pluie
et de lilas
enterrée
au pied d'un arbre
qui oubliera
de disparaître.

That day
all will be you
screaming
in my arms
forever lost
in an abbey
of rain
and lilac
buried
at the foot of a tree
that cannot remember
how
to disappear.

Le 2e jour

de milliards de pierres

The Second Day

stones

Au deuxième jour
nous fuirons le monde
de milliards de pierres
entre ta peau
et ta peau
nous fuirons le monde
de serpents
qui lèchent le mulet
de corbeaux
qui brûlent
dans l'ivraie

un figuier de laine
poussera
un visage d'orchidées
et de ciment
fleurira
nous cracherons
des lys
sans nez
et sans bave
tout se frappera
et s'écrasera
et la douceur
ressemblera
à la mante
qui mange
l'ordre des guêpes

pourrai-je alors
poser mon poing sur ton front
nouer les nénuphars
dans tes reins
comprendre
pourquoi l'animal
me demande

On the second day
a fig tree
shrouded in skin
will grow
a face of orchids
and cement
will bloom
stones
will spread
between
your flesh
and my hand

On the second day
mules
will dream
and suffocate
eclipses
will burst
with hookworms
and all
will echo
the moan of wasps
devoured
by the praying
mantis

de le nourrir
de ta poitrine?

Au deuxième jour
dans ton corps
un abricotier
grandira
dans ta tête
un poisson
s'enfantera
nous poserons le calice
dans les ongles
de nos crânes
muets
à frapper
les os tordus
le jour
écrasé
nous regarderons la montagne
mais n'entendrons pas
qu'il n'y a rien à entendre
et ne comprenant pas
que tout fait mal
que les pétales
traversent la terre
que la lumière
coule dans la bouche
comme une libellule
sur la langue

On the second day
an apricot tree
will rise
through your abdomen
a fish
will birth itself
in your skull
we will lay
the chalice
on the nails
of our minds
we will stare
at a mountain
sowed
with misshapen bones
but we will not hear
that everything
suffers
that petals
glide over the earth
that light
bleeds
like a dragonfly
in our mouths

how will I
then
lay my fist
on your forehead
weave
the waterlilies
in your lungs
awaken
to the animal
that craves
to be fed
from your breast?

Ce jour-là
je t'arracherai
au début de l'enfant
et tu m'aveugleras
de l'eau
d'être né
et de vouloir aimer
l'eau de renoncer
de vouloir
casser
l'eau de fendre
et de ronger
mais de continuer à
crever le sein
à exister
à sortir du ventre
du cerisier.

That day
I will rupture you
from the origin
of youth
from the saliva
of birth
from the need
to be healed
and blinded
I will shade you
in the yearning
to ache
for the fracture
in my eyes
I will tear you
from the longing
to puncture
your breast
and I will abandon you
like a child
howling
in the belly
of a blooming
cherry tree.

Le 3e jour

apprendre à hurler

The Third Day

penance

Au troisième jour
tu me diras
voici
la pénitence
l'utérus
dans la chambre
la gorge
du soleil sur la langue
voici
les cèdres
déformés
la paille de vivre
de rester enfoncé
le temps
de ne plus chercher

tu me diras
voici
le début des plaies sur l'orange
le vertige d'être sel
et ambre
le vertige
de sucer
des jours avalés
de toucher
des grives
arrachées
le réel
de tes mains
qui se mettent
à crier

On the third day
you will say
here is
penance
here
on the bed
lays the uterus
here are
the pines
of stillness
the throat
of morays
the straw to live
and to stay buried

you will say
here lies
the field
of wounds
and oranges
the vertigo
of salt
and amber
here lies
the shame
of suckling
on the moths
of the apple tree
of touching
the wings
of a mangled sparrow
you will say
here lies
the worms
of your hands

tu me diras
montre-moi
la chair des mules
le papillon qui brûle akène
dans l'ovule
montre-moi
ce qui renonce
dans la fange
l'envie
de te toucher
un sahel
de vers
sur tes paupières
prends-moi dans tes bras
avant que tout
ne s'enfle
et ne se dévore

Ce jour-là
je te demanderai
qui pose ses lèvres
sur
tout ce qui est
nain
tout ce qui est
clous
et fièvre et seins
quel ange
chante
que le seul but
de jaillir
est de nous enfoncer
là où
nous apprenons
à hurler?

you will say
show me
the flesh of foals
the butterfly that burns
like pollen
in the ovum
that which
abdicates
its mouth
gorged with birds
show me
the desire
to touch you
a desert
of larvae
on your eyelids
take me in your arms
before everything
swells
and devours itself

That day
you will ask
who lays
its lips
on all that is
nails
and dwarfs
and fever and breasts
what angel
sings
that the single goal
of awakening
is to bury ourselves
where we
scream
and howl?

Le 4e jour

il sera une fois

The Fourth Day

once there will come a time

Au quatrième jour
il sera une fois
une bête
où tu te coucheras
où l'éternel
te pensera
où il te murmurera
enfante-moi
de mots
qui sentent le visage
de plaines
blessées
avant
la pénombre

Au quatrième jour
l'éternel te dira
écoute
rien
ne sait
que tu respirais
dans l'odeur de l'épeautre
que tu buvais
l'océan des arbres
que tu régnais
dans le pus des choses
que tout
copulait
sous ton corps
comme de petits animaux
souillés d'aurores

On the fourth day
once there will come a time
in the fold
of sand
and darkness
when I will carve
a creature
when
the spirit
will pull out
your eyes
and conceive
of you
and say
give birth to me
give me the language
of your face
give me
the words
that smell
of pastures
before the illness
of twilight

On the fourth day
the spirit will say
nothing
remembers
when you wailed
in the scent
of wheat
when you drank
the ocean of trees
when you ruled
in the pus of all things

l'éternel te dira
prends ma main
pose le héron aveugle
entre mes jambes
le monde est une gerbe de crapauds
qui défèquent
dans ton crâne
et qui posent leurs selles
sur l'asile des baies
oui
le ciel se lèvera
se rabattra
et se calmera
et tu danseras
dans le silence
des murènes
et des tumeurs

alors
je collerai mes pieds
contre ta langue
pour y boire
un utérus de muriers
pour y peler
des fruits de chaux
des lucioles plongeront
dans tes pupilles
et je sentirai tes pas
sur la neige noire
des montagnes

when everything
copulated
under your body
like small animals
defiled
by dawn

the spirit will say
take my hand
lay the eyeless
heron
between my legs
the world is a wreath of toads
that defecate
in your head
that scatters
its feces
on the haven of berries
yes
the sky will soar
will dream and bend
and you will sway
in the silence
of lampreys
and tumours

That day
I will glue my feet
against your tongue
I will drink
a uterus
of mulberries
in your throat
I will peel
fruits of lime
from your eyes

Ce jour-là
tu me toucheras
sans mal ni clarté
et je te dirai
écoute
seul
mon chien
dans le mur
me permet
de suffoquer
quand je t'abandonne
dans l'église
des meules
et des huarts.

fireflies
will tumble
in your pupils
and I will hear
the stillness of your steps
on the dark snow
of mountains

That day
beyond wrongs
or brightness
you will lie down
and I will reach for you
and say
only the hound
buried in the wall
compels me
to suffocate
when I surrender
in your church
of loons and
millstone.

Le 5e jour

l'île de vivre

The Fifth Day

the island of life

Au cinquième jour
je t'attendrai
pour t'allaiter
pour lever ta tête
pour te dire
n'entends-tu pas
que le ciel hulule
des mots d'enfants?

je regarderai le monde
je regarderai mes pieds, mon nez, mes muscles
s'affaisser
mes dents jaunir
mes verbes se casser
je sentirai pourtant
en moi
l'enceinte
de te frôler
de ronces
et de chants

On the fifth day
you will coil
under my hands
like a firefly
in the fragility
of thoughts
you will
sow
a rain
of pain
on the edge
of the cedar
and you will tell me
don't you hear
that the sky screeches
words of dust
and children?

I will stare at
a hailstorm
of maggots
watch
my feet, my nose, my muscles
droop and sag
my teeth yellowing
my verbs
fracturing
and I will seek
the hymn
of thorns
against
the language
of your withering

Au cinquième jour
une mouche
se mettra à bourdonner
une mouche
qui sent les siècles
ivre de brèches
la dentelle
de ses ailes
comme une aube de pollen
une mouche
qui restera emprisonnée
aujourd'hui
demain
pour toujours
jusqu'à ce qu'elle
étouffe

Ce jour-là
l'automne se taira
un sillon d'anguilles
nous guidera
une main mutilée
lavera le blé
et je comprendrai alors
que l'île
de vivre
est de mourir
sans jamais
s'arrêter.

On the fifth day
a fly
that smells of centuries
drunk with breaches and
fissures
the lacework of its wings
like a dawn
of dandelions
will hiss
and burn
until
the end of time
aches and
kneels

That day
broken
and charred
eyeless eels
in your bowels
you will
lead me
to the end
of before
you will
tend to me
in sheaves of corn
you will wash my heart
with
mutilated hands
and I will then
understand
that the island of life
is to die
without ever
stopping.

Le 6e jour

je croiserai la mort

The Sixth Day

horseflies

Au sixième jour
je croiserai la mort
sous des hirondelles
d'asphalte
et je regarderai
la couleur
de ses cheveux
elle posera ses pieds
sur la table
elle parlera
comme un papillon qui tremble
sur une paroi
de calcaire
et elle dira des choses
des noms
et les laissera traîner
dans ma gorge
comme un essaim d'émeraudes
et de frelons

elle me dira
je suis
enceinte
d'un million de taons
d'un champ de fleurs
qui somnolent
au début du vivant
et le ravin d'être
avec toi
me déforme
comme une vague
qui goûte
le sang

On the sixth day
I will watch
Death
under sparrows
of asphalt
I will look
at the colours
of its eyelashes
its fist
on the rim
of our touch

On the sixth day
I will wait
for Death
to breathe
like a spider
on a wall of steel
to pray
for names
in its throat
I will wait
for Death
to brush
against us
like a swarm
of emeralds
in the unspoken

On the sixth day
Death will say
I will be pregnant
with a million
horseflies
I will be lush
with lambs
bleeding

Au sixième jour
devant la mort
je vagirai
de perdre
d'errer
de heurter
comme la trace
de l'horizon
sur ta bouche
et tout fera mal
même le cœur
qui fait palpiter
l'araignée
même la lumière
qui dessine les pieds

Ce jour-là
un dieu de lacs et de fourmis
nous parlera
la langue enfouie
dans la moiteur
des abeilles
il nous dira
tout se fane
dans le glaïeul
même
ce que vous ne pourrez jamais
cesser
de casser
d'oublier
de dévorer.

on your face
and I will hurt
like the horizon

On the sixth day
Death will say
do not move
do not speak
for the sacrament
of being
within you
cripples me
like a wave
that tastes
of blood

That day
a god of lakes
and ants
will speak to us
its tongue
buried
in the bees' moisture

That day
a god of lice
and pain
will say
everything
withers
in your face
even
that
which you cannot
stop
sheltering
slaughtering
devouring.

Le 7e jour

le jardin tordu

The Seventh Day

the twisted garden

Au septième jour
tu me diras
rappelle-toi
le début des plaies
la brebis
qui buvait le blé
rappelle-toi
que nous soulevions
les couvertures
et que nous nous caressions
dans un drap
de placenta
rappelle-toi
l'or
sur ta nuque
la dernière ombre
avant le fer
rappelle-toi
que nous nous soûlions
de l'aréole rouge
de la jument
que tes flancs étaient tachés
et que la douceur d'être
avec toi
à jamais
m'appelait
comme la langueur
des muguets

On the seventh day
we will embrace
in a sheet
of placenta
wed
in the last shadow
before
the locusts
of metal

On the seventh day
we will drink
from the mare's areola
our eyes
bleeding
from the softness
of thistle
and the torpor
of lilies
will wash over us
like a river
of profane
animals

tu me diras
le goût étrange
de la pieuvre
le chant
des iris
la soif
devenue écorce
tout était là
des archipels
qui criaient
mes dents
qui t'éraflaient
les heures
où
nous avions cessé
de nous calmer
tout était là
la marée
des soleils
le lièvre qui dormait
le renard
sous les œillets
tout était là
à crever
enlacer
à lacérer une oreille
une paupière
à taire la cigale
qui tremblait

On the seventh day
you will tell me
the strange taste
of the octopus
the flesh
of irises
the peninsula
of all that is anger
everything is near
the age
of harm
the hare
that sleeps
under carnations
the thirst
that became
bark
everything is near
and everything
quivers
like a child
writhing
in a swarm
of hummingbirds

Au septième jour
je saisirai tes yeux
y entaillerai
une corne
et une croix
je t'écouterai
lourde
de tant de forêts
un désordre
d'essaims
sur ton palais
et tout
abjurera
tout regardera
et se taira
tout
ressemblera
à un tissu
de jacinthes
et de doigts

Au septième jour
des rivières
se perdront
les noms que je te donnerai
ne seront que
gueules
et oraisons

Ce jour-là
tu répéteras
enterre-toi
en moi
tu es si cassé
ton étreinte est si
abimée
tu ressembles

On the seventh day
rivers
will get lost
and trees
will grow
from your womb
I will listen
to a herd
of forests
and I will carve
a cross
and a horn
in your eyes
and all
will see
and keep silent
all will become
a membrane
of fingers
and daisies

That day
you will say
bury me in flesh
bury me
in a rapture
of stones
you are
so broken
your embrace is
so damaged
you look
like a prairie
lost
in the agony of
auroras

à la prairie
qui se perd
dans la tempête
de l'orée

tu me diras
couchons-nous
doucement
dans des oasis
de lait
et répétons
à jamais
tu n'étais
qu'un jardin tordu
dans les paumes
du matin.

That day
you will say
lie down
with me
in an oasis
of milk
lie down
with me
in
the hunger
of grace
listen
to the chorale
of thorns
and look at me
dusk has surrendered
we were only
a twisted garden
in the palms
of morning.

Ollivier Dyens is Founder and co-Director of McGill's Building 21, an open lab dedicated to rethinking higher education in the 21st century. From 2013-2018, he was Deputy Provost (Student Life and Learning) at McGill University where he is currently Full Professor in the Department of *littératures de langue française, de traduction et de création*. From 2008-2013 he held the position of Vice-Provost, Teaching and Learning at Concordia University

Dyens is the author of thirteen books including *La terreur et le sublime*, published by les Éditions XYZ, *La condition inhumaine*, published by les Éditions Flammarion in Paris, and *Metal and Flesh: The Evolution of Man, Technology Takes Over*, published by MIT Press. Among his other publications are *Les murs des planètes, suivi de la cathédrale aveugle* (VLB Éditeur), shortlisted for the Revue Estuaire/Terrasses St-Denis prize for Poetry, *Continent X, vertige du nouvel occident* (VLB Éditeur), longlisted for the prix Roberval, and *The Profane Earth* (Mansfield Press), longlisted for the ReLit Award.